De las pirámides a los rascacielos

Edificaciones en las Américas

ESCRITO POR JUDITH DUPRÉ
ADAPTADO POR SEVE SEOANE

Tabla de contenido

1. El arte y la ciencia de la edificación 2
2. Edificado para los dioses 4
3. De la tierra 8
4. La construcción de una nueva nación 12
5. Edificios de varios pisos 18
6. En movimiento 23
7. ¡Altísimos! 25
8. El nuevo milenio y el futuro que viene 28
Glosario 31
Índice 32

CAPÍTULO 1

El arte y la ciencia de la edificación

Si alguna vez has tenido que protegerte de la lluvia torrencial o del caluroso sol de verano en el interior de algún lugar, ya comprendes por qué la gente necesita **refugios**. Los refugios protegen a la gente de los climas extremadamente fríos o calurosos. Las personas necesitan un refugio para poder vivir.

Los primeros refugios fueron construidos de materiales encontrados en las zonas cercanas. Las casas eran construidas de madera en las áreas boscosas, de piedra en los lugares montañosos, de pieles de animales en las llanuras y desiertos sin vegetación y de hielo en el frío ártico.

Con el paso del tiempo, la gente empezó a construir casas más grandes y cómodas. Se fueron desarrollando nuevos materiales y mejores maneras de transportarlos. Por lo tanto, se hizo posible la construcción de otros tipos de edificios.

▼ Esta línea cronológica muestra las fechas aproximadas de las construcciones que aparecen en este libro.

| 500 AEC–900 EC | 1100–1300 | 1600–1780 | 1780–1870 |
| ciudades maya | viviendas en las rocas | casa de reuniones puritana | cabaña de troncos |

La **arquitectura** es el arte y la ciencia de la edificación. Forma parte del arte porque refleja la creatividad del arquitecto y las necesidades de la gente de un lugar y tiempo determinados. Y forma parte de la ciencia porque los edificios deben balancear dos fuerzas diferentes de la naturaleza: la fuerza hacia abajo de la **gravedad** y la fuerza horizontal del viento. De lo contrario, los edificios se derrumbarían.

Este libro trata sobre los muchos tipos de refugios construidos en las Américas a lo largo de los últimos 2,000 años, desde los tipis a las casas rancheras hasta los **rascacielos**. Observaremos las formas en que la arquitectura americana ha ido cambiando y las maneras en que ha permanecido igual. Finalmente, aprenderás sobre las nuevas construcciones en que las personas viven ¡incluso en el espacio!

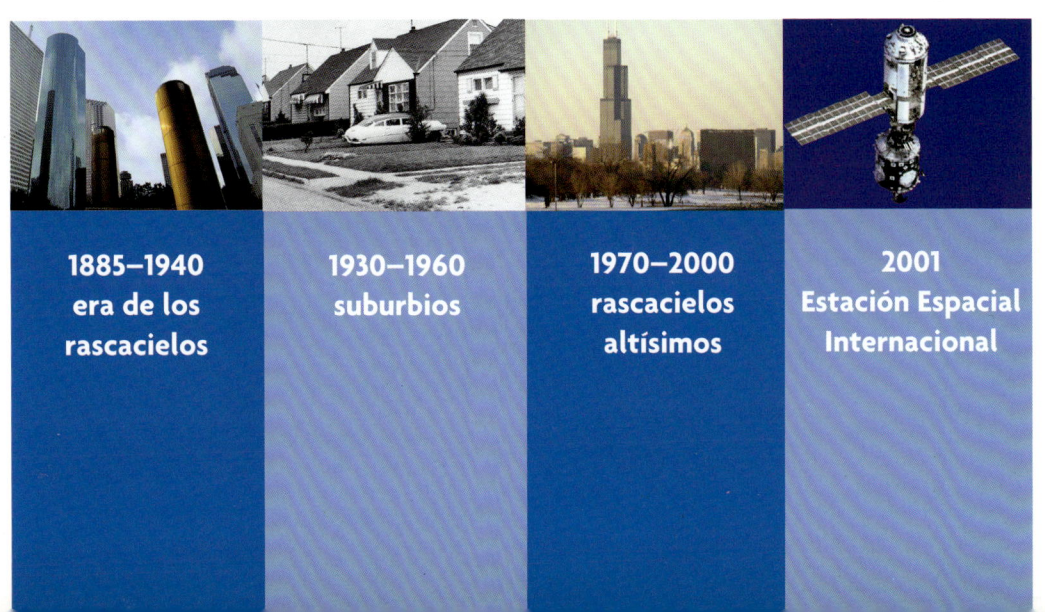

| 1885–1940 era de los rascacielos | 1930–1960 suburbios | 1970–2000 rascacielos altísimos | 2001 Estación Espacial Internacional |

CAPÍTULO 2

Edificado para los dioses

¡ASÍ FUE!

Los expertos piensan que puede haber más de 3,000 construcciones en este sitio de Guatemala; la más alta es esta pirámide, ¡de 229 pies de altura!

Los primeros constructores de ciudades en las Américas fueron los maya de centroamérica. En la actualidad, sus descendientes habitan los países de México, Guatemala, Belice y Honduras. Los antiguos maya construyeron ciudades desde alrededor del año 500 A.E.C. hasta aproximadamente el año 900 E.C.

Cientos de ciudades maya estaban conectadas por caminos que permitían a la población intercambiar bienes (objetos o posesiones) e ideas a lo largo de grandes distancias. Los maya fueron unos arquitectos, artistas y astrónomos fantásticos.

Los maya fueron grandes guerreros también. Lucharon en batallas feroces para controlar las tierras cercanas y con frecuencia ofrecían sacrificios humanos a sus dioses.

La civilización maya empezó a decaer a partir del año 1000 E.C. Los únicos restos que dejaron fueron enormes **ruinas** de piedra. Cuando las primeras ruinas fueron descubiertas en 1839, estaban cubiertas de vegetación de la selva.

¡ASÍ FUE!

Los maya fueron grandes atletas. Practicaban el balonmano en canchas especiales llenas de espectadores que apoyaban a su equipo favorito. A diferencia de hoy, ¡a los perdedores se les ejecutaba!

CAPÍTULO 3

Hechas de ladrillos que se unían con barro, estas viviendas en las rocas tenían muchas unidades y niveles, al igual que los edificios de apartamentos modernos.

CONÉCTATE A
▼

Para aprender más sobre el Palacio Cliff y otras fantásticas antiguas estructuras indígenas norteamericanas, conéctate a:
www.nps.gov/meve/index.htm

Las casas de indígenas norteamericanos más espectaculares son las viviendas en rocas construidas por los Anasazi, o "los antiguos", que vivían en el seco Sudoeste. Hechas de ladrillos que se unían con barro, estas viviendas en las rocas tenían muchas unidades y niveles, al igual que los edificios de apartamentos modernos. Fueron construidas a los lados de las colinas y se confundían con el paisaje rocoso. Debido a su elevada posición y la dificultad para ser descubiertas, las viviendas en las rocas protegían a los habitantes de sus enemigos.

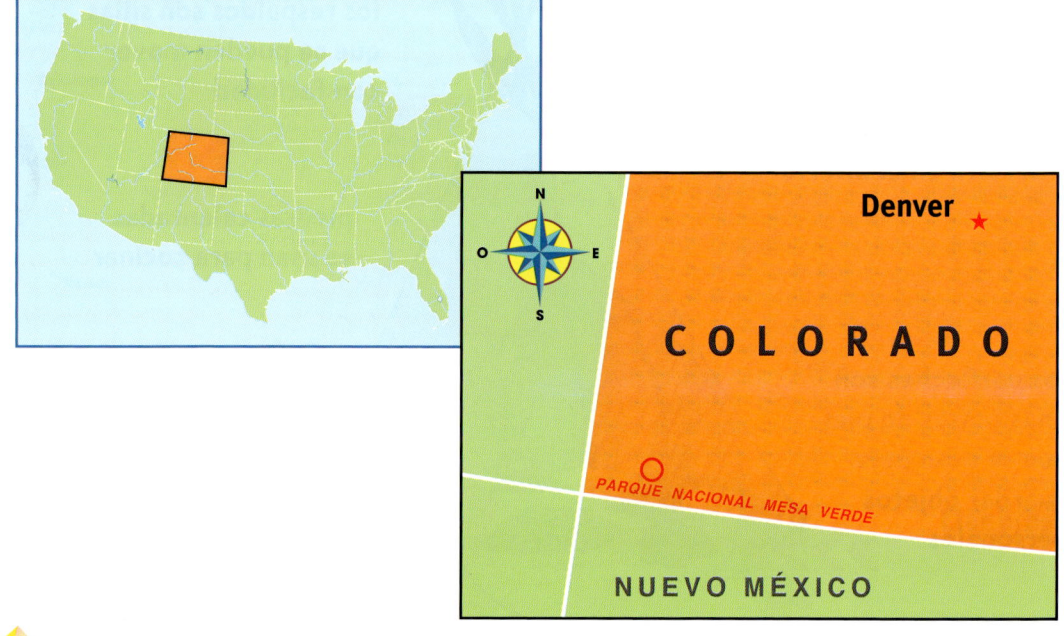

DE LA TIERRA

▲ El Palacio Cliff, construido entre los años 1100 y 1300, se encuentra en el Parque Nacional Mesa Verde, en Colorado. Tiene 220 habitaciones en edificios de hasta tres pisos de altura.

CAPÍTULO 4

Estos pioneros cambiaron los paisajes de Norteamérica al preparar las tierras para construir casas, granjas y caminos.

▲ Los carros tirados por caballos, llamados carros Conestoga, fueron los humildes antecesores de las caravanas modernas.

A partir del principio de los Estados Unidos, los americanos querían llegar cada vez más al Oeste en busca de una vida mejor. Estos **pioneros** cambiaron los paisajes de Norteamérica al preparar las tierras para construir casas, granjas y caminos.

La primera tarea de los pioneros era la obtención de comida y refugio para sus familias. Construían hogares temporales rápidamente para así poder plantar cosechas. En los terrenos boscosos, los hogares temporales eran hechos de árboles jóvenes, o pimpollos, atados entre sí y cubiertos con ramas.

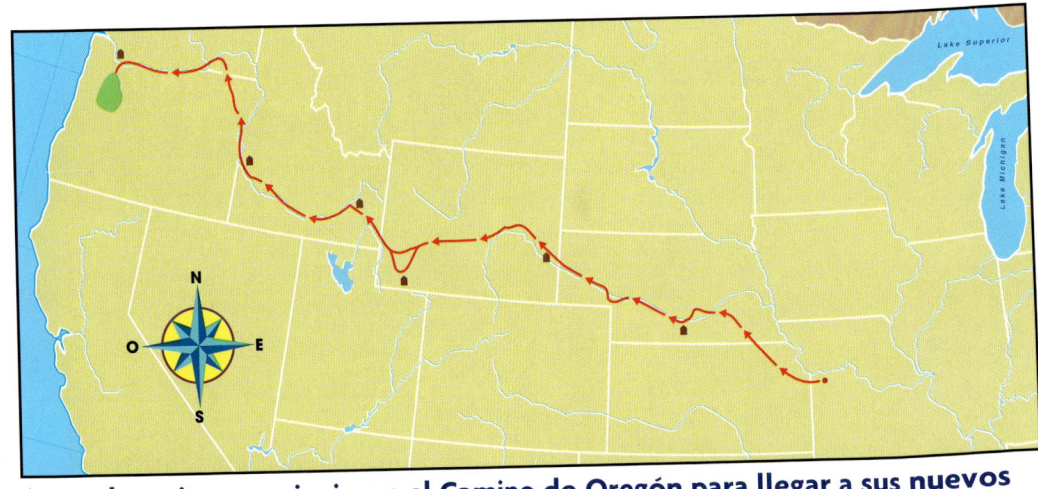

▲ Muchos pioneros siguieron el Camino de Oregón para llegar a sus nuevos hogares en el Oeste.

LA CONSTRUCCIÓN DE UNA NUEVA NACIÓN

En la **pradera**, no había árboles, así que las familias de los colonos construían sus hogares con montones de tierra. Algunos incluso cavaban sus casas en las laderas de pequeñas colinas.

Tan pronto como pudieron, los pioneros empezaron a construir hogares permanentes. La mayoría de estos eran cabañas de troncos. Los colonos colocaban los troncos uno encima de otro para formar las paredes. Rellenaban los espacios entre los troncos con musgo o barro para protegerse de la lluvia y el frío. El tejado se colocaba al final. Las cabañas tenían pocas o ninguna ventana. Muchas de las cabañas de troncos no eran más grandes que la sala de tu casa.

▲ Los vecinos ayudaban a sus vecinos a construir las cabañas. A la construcción de una casa entre todos se le llamaba **levantar una casa**. La ocasión se convertía en un alegre acontecimiento. Después de levantar una casa, los pioneros celebraban con un gran banquete, contando relatos, escuchando música y bailando.

CONSTRUYE TU PROPIA CABAÑA DE TRONCOS

Lo que necesitarás:
- una caja cuadrada
- papel grueso o cartón
- pegamento
- palitos de pretzels

Dobla una hoja de papel grueso o cartón por la mitad para hacer un tejado inclinado.

Recorta el tejado para que quede parejo con la caja y pégalo sobre la parte superior de la caja.

Pega los palitos de pretzels en hileras rectas y horizontales sobre la caja y el tejado.

No te olvides de añadir una puerta y ventana.

17

CAPÍTULO 5

Edificios de varios pisos

¡ASÍ FUE!

La gente se desespera si tiene que subir más de seis pisos por las escaleras. Los arquitectos lo celebraron cuando Elisha Graves Otis inventó, en la década de 1850, el montacargas, pronto conocido como ascensor.

Se construyeron ▲ edificios de muchos pisos en ciudades como Nueva York, Boston y Chicago.

A finales del siglo diecinueve, el ferrocarril atravesó por primera vez los Estados Unidos de este a oeste. Se inventaron el acero, el teléfono, el ascensor y el automóvil. El estilo de vida de la gente, sus medios de transporte y de trabajo nunca serían igual. Las posibilidades de dónde vivir y trabajar aumentaban a medida que crecía la extensión del ferrocarril. Las ciudades comenzaron a crecer rápidamente. Se empezaron a levantar edificios de apartamentos para los miles de personas que llegaban a las ciudades en busca de trabajo. A la vez, millones de **inmigrantes** europeos llegaron a los Estados Unidos. También fueron a las ciudades, por lo que necesitaron hogares y trabajo.

En 1856, Sir Henry Bessemer inventó un nuevo proceso para fabricar acero. Este nuevo tipo de acero era extremadamente fuerte y barato. El acero permitió la construcción de edificios cada vez más altos. En ciudades rodeadas de agua como Nueva York y Chicago, sólo había una dirección en que se podía construir: hacia arriba. El acero permitió a ciudades como éstas seguir creciendo.

Construido en 1885, el edificio Home Insurance de Chicago, se convirtió en el primer verdadero rascacielos, ya que su estructura estaba reforzada, o hecha más sólida, con acero. Desafortunadamente, el edificio fue demolido en 1931 para construir edificios nuevos.

¡PIÉNSALO!

Hay una anécdota sobre William Le Baron Jenney, el arquitecto del edificio Home Insurance. Dicen que mientras observaba una jaula de pájaros, se le ocurrió que una liviana estructura similar soportaría el gran peso de las paredes de ladrillos de los edificios.

▲ Edificio Home Insurance de Chicago

CAPÍTULO 5

GRANDES RASCACIELOS DEL PASADO

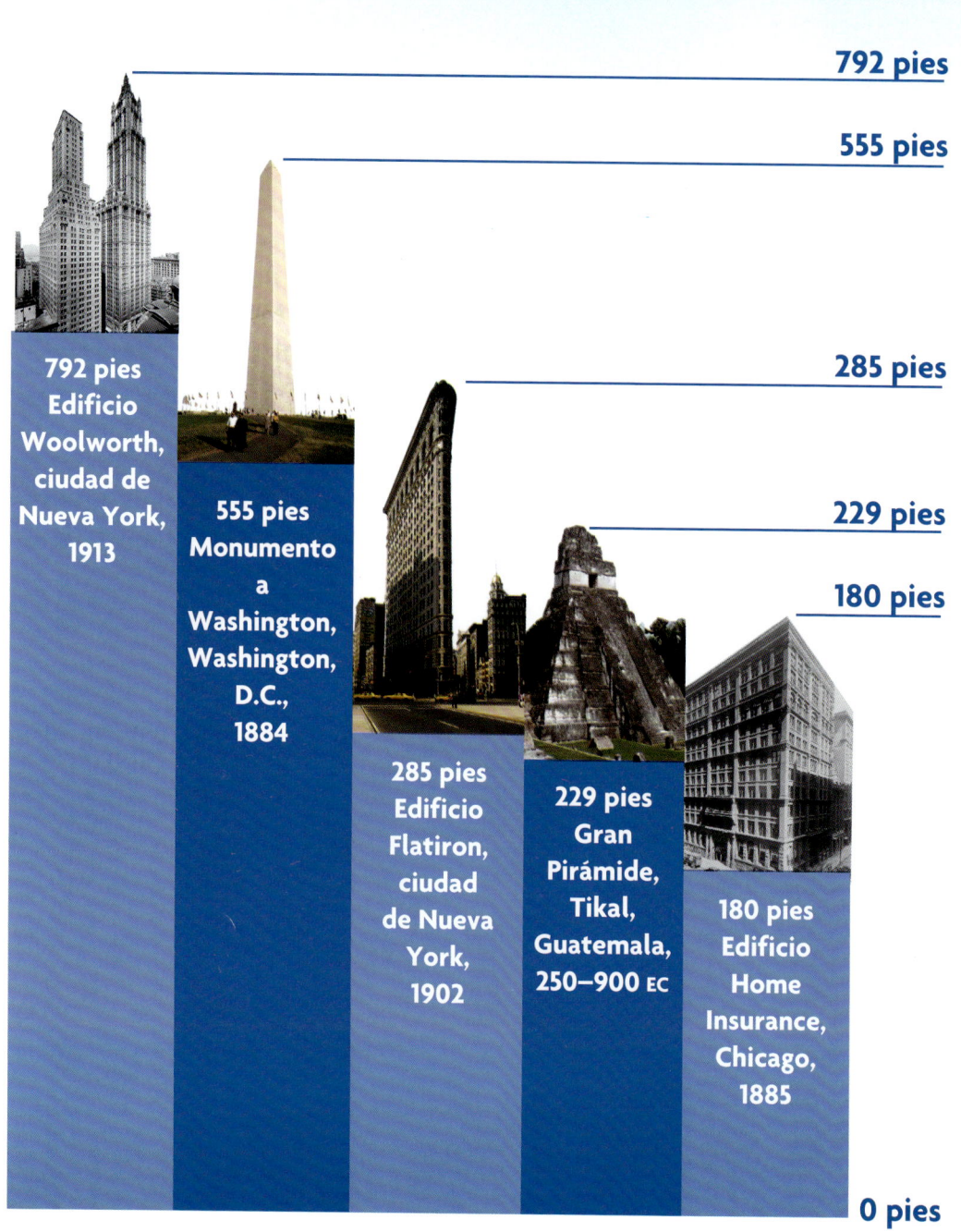

CAPÍTULO 6

En movimiento

Henry Ford fabricó el primer automóvil Modelo T en 1908. En 1910 había medio millón de automóviles en los Estados Unidos. Hacia 1929, la producción había aumentado de forma espectacular hasta los 26.7 millones de automóviles. Durante la década de 1930, se construyeron más de 650,000 millas de carreteras y 75,000 puentes. Los automóviles cambiaron la manera de vivir de los estadounidenses.

Esta pintura muestra la inauguración del Puente de Brooklyn en Nueva York en 1883. ▼

CAPÍTULO 6

La invención del automóvil permitió a muchos estadounidenses escapar de las ciudades llenísimas. Algunos eligieron mudarse a los **suburbios**, grandes barrios residenciales situados en las afueras de las ciudades. Los constructores edificaron millones de hogares en los suburbios. Fueron capaces de construirlos de manera económica y con rapidez, ya que la mayoría de las casas eran prácticamente idénticas. Todas eran construidas de la misma forma y con las mismas piezas fundamentales. Los constructores tuvieron que construir casas rápidamente debido a la gran demanda después la Segunda Guerra Mundial.

▲ William Levitt empezó a construir el primer suburbio a gran escala en Levittown, Nueva York, en 1947. Su compañía llegó a construir 180 casas ¡cada semana! Hacia 1951, había más de 17,000 hogares en Levittown.

CAPÍTULO 7

¡Altísimos!

Los rascacielos dieron un gran salto hacia arriba en la década de 1960. Arquitectos e ingenieros descubrieron una nueva manera de construir rascacielos usando programas de computadora. Descubrieron que si agrupaban varias partes de un rascacielos entre sí, como una serie de tubos, las fuerzas del viento y de la gravedad se repartirían de forma equilibrada a lo largo de la estructura.

Los arquitectos usaron este dato en 1974 para construir el edificio más alto hasta ese momento: la torre Sears. El honor de poseer el edificio más alto del mundo pasó entonces de la ciudad de Nueva York a Chicago. La torre Sears (ahora la torre Willis) tiene una altura de 1,454 pies. El edificio está formado, en realidad, por nueve rascacielos individuales de diferentes alturas.

▶ **la torre Sears (ahora llamado la torre Willis) de Chicago, Illinois**

CONÉCTATE A
▼

Para aprender más sobre los rascacielos más altos conéctate a www.worldstallest.com

CAPÍTULO 7

En 1996, por primera vez los Estados Unidos dejaron de ser el país con el honor de poseer el edificio más alto del mundo. Las torres Petronas, en Malasia, eran ahora las más altas con sus 1,483 pies. En 2010, un edificio aún más alto fue construido en Asia. En Dubai, los Emiratos Árabes Unidos, la torre Burj Khalifa mide 2,717 pies de alto.

LOS EDIFICIOS MÁS ALTOS DEL MUNDO HASTA LA FECHA*

2,717 pies

1,483 pies

1,454 pies

1,379 pies

2,717 pies
Burj Khalifa, Dubai, Emiratos Árabes Unidos, 2010

1,483 pies
Torres Petronas, Kuala Lumpur, Malasia, 1996

1,454 pies
Torre Sears, (ahora llamada Torre Willis), Chicago, IL, 1973

1,379 pies
Edificio Jin Mao, Shanghai, China, 1997

*altura hasta la parte superior de la estructura

¡ALTÍSIMOS!

EL RETO DE CONSTRUIR UN RASCACIELOS

Vean quién puede construir la torre más alta usando palillos y pastillas de goma solamente.

Lo que necesitarás:
- palillos
- pastillas de goma

1. **Comienza clavando una pastilla en cada extremo de un palillo.**

2. **Haz triángulos, cuadrados y pentágonos usando diferentes combinaciones de pastillas y palillos.**

3. **Haz pruebas para ver qué forma o combinación produce la torre más alta y sólida.**

4. **Ponte, a ti o a tu grupo, un límite de tiempo de veinte minutos.**

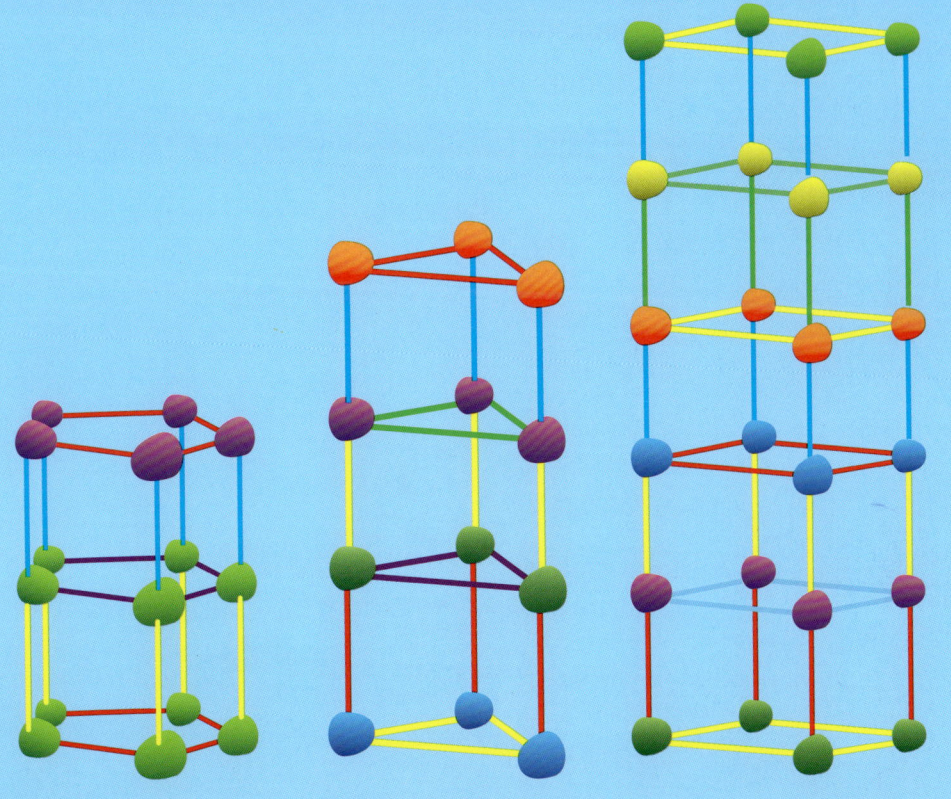

CAPÍTULO 8

El nuevo milenio y el futuro que viene

¿Qué aspecto tendría tu casa ideal? Haz un dibujo.

Hoy día, arquitectos e ingenieros colaboran para hacer nuevos tipos de edificios. Al igual que los constructores del pasado, también ellos usan los materiales más nuevos y las últimas tecnologías disponibles. ¡Pero fíjate en lo que están construyendo con estos nuevos materiales y tecnologías!

La Biosfera 2 en Arizona es una inmensa estructura de cristal, acero y cemento. Tiene muchos tipos diferentes de ecosistemas, tales como una plantación de álamos, un bosque tropical, una sabana, una marisma, un

▼ Interior y exterior de la Biosfera 2

desierto y un "pequeño-océano" de un millón de galones de agua salada con un arrecife de coral. La diferente estructura de la Biosfera permite a los científicos estudiar cómo funciona la naturaleza en un ambiente totalmente cerrado.

Tripulaciones de astronautas han estado viviendo en la Estación espacial internacional (EES) desde el año 2000. Cada tripulación ocupa la estación durante varios meses y lleva a cabo experimentos de larga duración. Este hogar en el espacio es tan grande que se ve a simple vista desde la Tierra.

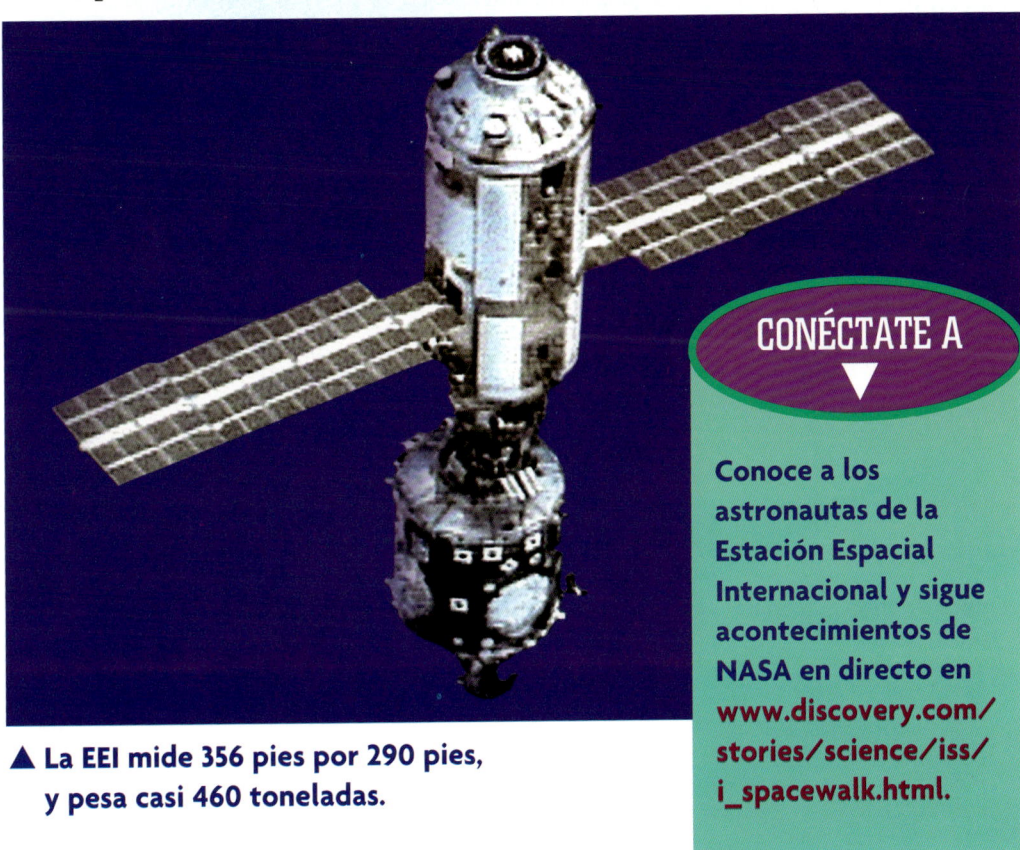

▲ La EEI mide 356 pies por 290 pies, y pesa casi 460 toneladas.

CONÉCTATE A ▼

Conoce a los astronautas de la Estación Espacial Internacional y sigue acontecimientos de NASA en directo en www.discovery.com/stories/science/iss/i_spacewalk.html.

CAPÍTULO 8

Salón de la Fama de la construcción estadounidense

El edificio más alto: La torre Willis de Chicago tiene una altura de 1,454 pies.

El edificio más grande: El edificio de Ensamblaje de Vehículos del Centro Espacial Kennedy en Florida cubre un área de ocho acres, el equivalente a casi cuatro edificios Empire State colocados de lado a lado.

El monumento más alto: El arco Gateway de St. Luis, Missouri, tiene 630 pies de altura y 630 pies de ancho.

La casa más grande: La casa Biltmore en Asheville, Carolina del Norte, fue construida en 1895 y tiene 250 habitaciones y 65 chimeneas.

La casa más inteligente: La casa de Bill Gates en el estado de Washington está considerada como la más "inteligente", ya que hace uso de nuevas tecnologías para controlar la luz, la música, las alarmas y los aparatos eléctricos de casa.

El hotel más alto: El Westin Peachtree Plaza se eleva 73 pisos por encima del centro de la ciudad de Atlanta, Georgia.

El primer y único hotel submarino: El Jules' Undersea Lodge se encuentra a treinta pies bajo el mar en Key Largo, Florida.

La cúpula más grande: El Capitolio de Washington, D.C. está cubierto por una cúpula de hierro, acabada en 1886, de 287 pies de altura y 96 pies de ancho.

El ascensor más rápido: La torre de la Estratosfera en Las Vegas, Nevada, tiene cuatro ascensores de dos pisos que avanzan a 2,500 pies por minuto.

Glosario

arquitectura	el arte y la ciencia del diseño de estructuras
casa de reuniones	edificio usado para rezar y para reuniones públicas
clima	promedio de condiciones atmosféricas en un lugar a lo largo del año
equinoccio	uno de los dos días del año cuando el día y la noche tienen la misma duración en todo el mundo
gravedad	la fuerza que atrae a las cosas hacia el centro de la Tierra
ingenieros	personas que usan conocimientos científicos para planear y diseñar edificios
inmigrantes	personas que se mudan a vivir a un país que no es el suyo
jeroglíficos	forma de escritura que hace uso de dibujos en vez de palabras para comunicar ideas
levantar casas	la construcción de una casa o su estructura por un grupo de vecinos
madera	material extraído de los árboles usado en la construcción
pioneros	personas que viajaron al oeste para tomar posesión de terrenos a cambio de vivir y trabajar en ellos
plazas	zonas llanas y amplias rodeadas de estructuras
pradera	amplias extensiones llanas o montañosas con pocos árboles
rascacielos	edificios muy altos
refugio	algo que cubre o que ofrece protección
ruinas	restos de un edificio lentamente desgastado por el paso del tiempo y el clima
suburbio	zona residencial que se encuentra cerca o junto a una ciudad grande
tablillas	delgadas láminas de madera utilizadas en el exterior de una casa
vigas	piezas largas y pesadas de madera utilizadas en la construcción

Índice

acero, 18–19, 28
Anasazi, 10
arquitecto, 3–4, 18–19, 25, 28
arquitectura, 3
automóvil, 23–24
Bessemer, Sir Henry, 19
Biosfera 2, 28
cabaña de troncos, 17
casa de reuniones, 2, 12
Chicago, Illinois, 18–20, 22, 25–26, 30
Chrysler, 21
ciudad, 4, 18–19, 24
ciudad de Nueva York, 18–20, 22–23, 25
clima, 2, 8, 15
edificio Empire State, 20
edificio Home Insurance, 19, 22
equinoccio, 6
Estación Espacial Internacional, 29
Ford, Henry, 23
Grandes Llanuras, 8–9
gravedad, 3, 25
indígenas norteamericanos, 8–11
ingenieros, 25

inmigrantes, 18
Jenney, William Le Baron, 19
jeroglíficos, 6–7
levantar casas, 17
madera, 12–13
Massachusetts, 12–13
materiales, 2, 8, 15, 28
maya, 2, 4–7
Nueva Inglaterra, 13
Otis, Elisha Graves, 18
pioneros, 16–17
pirámides, 4, 6–7
plazas, 6, 30
pradera, 17
puritanos, 12–13
rascacielos, 3, 7, 19–22, 25–26
refugio, 2–3, 16
ruinas, 5
suburbio, 24
tablillas, 13
tipis, 3, 8–9
Torre Sears (la torre Willis), 25–26
Torres Petronas, 26
van Alen, William, 21
vigas, 13
viviendas en las rocas, 8, 10
Williamsburg, Virginia, 14–15